Gabriele Kuby

Die Sehnsucht einer Konvertitin nach heiligen Priestern

fe

1. Auflage 2008

Hauptstr. 22, D-88353 Kisslegg
Fotos: Ernst Kögler
Gestaltung: Manuel Kimmerle
Druck: Ludwig Auer GmbH, Donauwörth
ISBN 978-3-939684-42-8

Printed in Germany

Überarbeitete Neuauflage eines Vortrages, den Gabriele Kuby am 29. Oktober 2003 im Priesterseminar Eichstätt gehalten hat. Erstveröffentlichung im Laudes Verlag 2003.

Deine Entsagenden verschwenden,
und deine Besitzlosen bringen fürstliche Gaben,
deine Gebundenen erlösen,
und deine Geopferten machen lebendig,
deine Einsamen sprechen von Einsamkeit los:
Du bist der Sieg über die Gefangenschaft der Seelen!

Gertrud von Le Fort, Hymnen an die Kirche

Lange, sehr lange habe ich Gott gesucht. Ich kenne die Sackgassen, in die sich die Sucher außerhalb der Kirche verlaufen, aus eigener leidvoller Erfahrung. Was ich gesucht habe: Den offenen Weg zu Gott, ja Gott selbst, habe ich in der katholischen Kirche gefunden. Darum liebe ich die Kirche. Jesus hat sie auf den Felsen Petri gegründet, hat den Aposteln den Heiligen Geist eingehaucht und sie mit Vollmacht ausgestattet, an seiner Statt zu handeln, das Reich Gottes zu verkünden, Sünden zu vergeben, zu heilen und Dämonen auszutreiben. Diese Bevollmächtigung wirkt weiter in jedem geweihten Priester bis zum heutigen Tag.

Mit Schmerz erlebe ich, daß in der Kirche das Rettende beschädigt wird, am meisten von innen. Es scheint fast, als leide die Kirche in unseren Breiten an einer Autoimmunkrankheit. Das Immunsystem, welches dazu da ist, Angriffe von außen abzuwehren, hält irrtümlich das Gesunde für einen zu bekämpfenden Fremdkörper. Die Folge ist: Die Priesterberufungen gehen dramatisch zurück. Und doch findet der Ruf Gottes auch heute immer wieder Resonanz in den Herzen von Männern, die sich gehorsamswillig auf den Weg machen, durch die Weihe unwiderruflich zu Stellvertretern Christi zu werden. Mehr denn je sind sie auf Heiligkeit angewiesen, um ihrem Ruf im Dickicht dieser Zeit treu zu bleiben. Und mehr denn je bedürfen wir in der Bedrängnis dieser Zeit heiliger Priester.

Das klingt, als wäre Heiligkeit eine feste Zielmarke am Gipfel. Ich verstehe Heiligkeit als einen Weg, den wir nur mit der Gnade Gottes gehen können. Wir alle sind zur Heiligkeit berufen: Priester, Ordensleute und Laien. Der Weg besteht darin, der Aufforderung Marias „Tut, was er euch sagt!" wie die Diener bei der Hochzeit zu Kana Folge zu leisten und uns der Barmherzigkeit Jesu in wachsendem Vertrauen hinzugeben. Er verwandelt Wasser in Wein.

SEHNSUCHT

Die Sehnsucht nach heiligen Priestern ist eine mütterliche Sehnsucht, ein Funken von dem Feuer der Sehnsucht, das sicherlich im Herzen Marias brennt. Sie ist der Sehnsucht ähnlich, die ich für meine Kinder hege: daß sie ihr Leben für das Reich Gottes einsetzen. Es gibt nichts, was sich mehr lohnt, nichts, was das Leben tiefer mit Sinn erfüllt, nichts, was einen in diesem Leben glücklicher machen könnte.
Es ist eine schwesterliche Sehnsucht, denn ich wünsche mir Brüder, denen ich mich in der gemeinsamen – wenn auch verschiedenen – Arbeit für dasselbe Ziel an die Seite stellen kann.
Es ist eine kindliche Sehnsucht. Der Priester ist für die Gläubigen auch Vater. Der Vater steht fest, wo das Kind schwankt. Er besitzt Klarheit, wo das Kind verwirrt ist. Er hat den Geist der Unterscheidung und damit die Kraft zur Entscheidung, wo das Kind nur Harmonie ersehnt. Er bringt Beziehungen in die rechte Ordnung, so daß die Liebe fließen kann, vor allem die Beziehung zu Gott. In einer Zeit, der zunehmend Mutter und Vater abhanden kommen, nimmt der Heilige Vater stellvertretend diese Stelle ein. Es hilft mir zu leben, daß Johannes Paul II. und sein Nachfolger Benedikt XVI. Päpste sind, die ich lieben kann.

ICH BIN DER HERR

Eine spezifische Sehnsucht habe ich nicht: Ich will nicht Priesterin werden. Noch nie hat mich ein solcher Wunsch auch nur gestreift. Der mächtige Druck, Frauen zu Priesterinnen zu weihen – von außerhalb und von innerhalb der Kirche –, hört nicht auf, obwohl das Lehramt völlig unmißverständlich und mit voller Autorität verkündet hat, daß es nicht in seiner Vollmacht steht, daran etwas zu ändern, weil Jesus selbst es so gewollt hat.

Im Bemühen zu verstehen, warum das so ist, setzte ich mich an meinen Gebetsplatz. Ich zündete eine Kerze vor meiner liebsten Mariendarstellung an, von Maria selbst ohne Farbe gemalt, ihr Bild von Guadelupe. Kleiner davor steht das Antlitz Jesu Christi, auch ohne Farbe in ein Stück Leinen eingeprägt, in das Grabtuch von Turin. Im Glauben an das Wort des Herrn: „Der Heilige Geist wird euch in die ganze Wahrheit einführen", fragte ich: „Warum hast du nur Männer zu Aposteln berufen? Warum werden in deiner Kirche nur Männer zu Priestern geweiht?"

Ich habe nicht gefragt: Jesus, warum hast du dich den patriarchalen Verhältnissen deiner Zeit angepaßt? Ich habe nicht gefragt: Haben sich die

Päpste vielleicht in dieser Entscheidung geirrt – in der Erwartung, daß mir der Heilige Geist nun die wahre Wahrheit offenbart, die er ihnen vorenthalten hat. Ich habe gefragt:
„Warum, Herr?“
Und ich habe gewartet.
Dann kam die Antwort: „Ich bin der Herr.“
Mir wurde klar: Der Priester repräsentiert Christus, er steht an Christi Statt. Er kann nur ein Mann sein.
Wie würde es wohl aufgenommen, wenn der Regisseur der Oberammergauer Passionsspiele Christus von einer Frau spielen ließe – was im Zuge des Gender-Mainstreaming nicht mehr abwegig ist? Es geht aber um mehr als ein Theaterstück: Es geht um die lebendige, heilwirkende Gegenwart Christi durch und in der Existenz des Priesters.
Ich habe weiter gewartet. Ich schaute auf Maria. Ihr Blick ist gesenkt. Sie schaut auf Jesus. Ihn hat sie geboren, ihm hat sie Raum gegeben in ihrem eigenen Körper, in der Welt. Aus ihr, der Mutter, kommt das Leben. Ich spüre: Christus will nicht, daß sie ans Kreuz geht, daß irgendeine Frau ans Kreuz geht. Er hat Männer in seine unmittelbare Nachfolge

berufen, elf von ihnen sind eines gewaltsamen Todes gestorben. Sterben im Kampf ist Männersache. Männer sind Soldaten, Frauen gebären, bringen das Leben hervor, nähren, pflegen, fördern, opfern und begraben. Maria hat ihren Sohn geopfert, weil sie das Erlösungswerk vollkommen verstanden und ihre Aufgabe darin rückhaltlos übernommen hat. Sie bleibt stehen unter dem Kreuz, wird zur Mutter aller Menschen. Sie wird nicht selbst gekreuzigt. Jesus schützt uns Frauen, wenn er uns nicht zu Priesterinnen beruft.

Ich weiß, es ist wahr, was mir da aufleuchtet, weil ich die Verbindung zur Liebe Jesu gefunden habe. Wann immer etwas unverständlich ist an Jesu Handeln, es enthüllt sich, wenn es als Tat der Liebe erkennbar wird.

BEKEHRUNG

Die Sehnsucht nach heiligen Priestern ist auch die Sehnsucht einer Konvertitin. Wie wird ein Mensch bereit, sich umzuwenden zu Gott und das eigene Leben auf ein neues Fundament zu stellen, ein Fundament aus Fels und nicht aus Sand? Es kann nur geschehen durch eine Berührung mit der Liebe Gottes, denn die Suche nach Gott ist nichts anderes als die Suche nach Liebe. Wie wurde ich bereit? Bekehrungsgeschichten erzählen von den Goldspuren Gottes im eigenen Leben. Manchmal dauert es sehr lange, bis man sie erkennt und bereit wird, ihnen zu folgen.

Mein Vater, Erich Kuby, war ein bekannter linker Journalist und Schriftsteller. Er lebte mit dem Rücken zu Gott. Seine Stärke war es, die Realität so anzunehmen, wie sie ist, auch den Tod, dem er im Jahre 2005 mit 95 Jahren kühl in die Augen sah. Meine Mutter war ihm mit 91 Jahren vier Jahre vorher vorausgegangen. Sie hat immer an Gott geglaubt. Die Schönheit der Natur war ihr Gottesbeweis. Sie hatte einen Text über den Heiligen Geist verfaßt, der an ihrem Grab verlesen werden sollte, und sie starb am Pfingstsonntag.

Aufgrund der elterlichen Diskrepanz wurden wir fünf Kinder nicht getauft. Der familiäre Hintergrund war protestantisch, so daß ich das Katholische in meinem geliebten Oberbayern verständnislos ansah wie durch eine Glasscheibe.

Mit acht Jahren kam ich weinend zu meiner Mutter und fragte: „Mutti, komm ich in den Himmel, wenn ich nicht getauft bin?" Daraufhin ließ meine Mutter alle fünf Kinder evangelisch taufen. Es gab keine Glaubenspraxis, und die Taufgnade konnte sich nicht entfalten.

Nach dem Abitur ging ich 1964 an die Freie Universität Berlin, um Soziologie zu studieren. Der Austritt aus der Kirche war nur noch eine Formsache. Ich rutschte als Mitläuferin in die Studentenbewegung hinein. Aber ich spürte, daß die marxistischen Phrasen, die wir auf den Lippen führten, hohl waren. So verließ ich Berlin bereits 1967 und machte in Konstanz bei Ralph Dahrendorf Examen. Bald darauf kehrte ich der Universität den Rücken – mit ungestilltem Lebenshunger machte ich mich per Anhalter in Richtung Spanien auf. Es war die Hippiezeit.

Die 68er Generation, der ich angehöre, damals krakeelend und schließlich gewalttätig auf der Straße, sitzt heute in den Machtpositionen der Politik und der Medien. Der „Marsch durch die Institutionen" ist gelungen und mit ihm die Zerstörung des Wertefundaments dieser Gesellschaft. Die Unwahrhaftigkeit des sozialistischen, moralischen Pathos zeigt sich daran, daß die Verbrechen der Nationalsozialisten angeprangert wurden, nicht aber das millionenfache Morden unter Stalin und Mao Tse-Tung, dessen „Rote Bibel" zur Grundausstattung der revoltierenden Studenten gehörte. Die diktatorische Unterdrückung der Hälfte des deutschen Volkes jenseits der Mauer im Spitzelstaat der DDR hinderte die Studenten nicht daran, die marxistische Ideologie erneut als Heilslehre zu entdecken.

Es war die Zeit, in der durch den Freud-Schüler Wilhelm Reich die sexuelle Befreiung ausgerufen wurde. Gut drei Jahrzehnte später leben wir in einer sexualisierten und pornographisierten Gesellschaft, in der die homosexuelle „Ehe" als Errungenschaft der Menschenrechte gilt. Wann wird es uns ergehen wie Lot, dessen Haus Einwohner von Sodom umstellten und riefen: „Wo sind die Männer, die heute abend zu dir gekommen sind? Heraus mit ihnen, wir wollen mit ihnen verkehren." Lot bot ihnen stattdessen seine zwei jungfräulichen Töchter an (Gen 19,5–8). Heute bedient der blühende Menschenhandel diese Bedürfnisse.

Die sexuelle Befreiung ging Hand in Hand mit dem Feminismus. Simone de Beauvoir, Lebensgefährtin von Jean Paul Sartre, gelang es, uns von einer erstaunlichen These zu überzeugen: „Man wird nicht als Frau geboren, sondern zur Frau gemacht.“ Damit sich die Frau aus der „Sklaverei der Mutterschaft“ befreien konnte, forderte sie die Freigabe der Abtreibung. Alles gelungen: Täglich werden allein in Deutschland etwa sechshundert Kinder im Mutterleib getötet: Der Arzt spritzt ihnen Gift ins Herz, verätzt sie mit Säure oder reißt ihnen mit der Zange den Kopf ab, um sie dann in den Müll zu werfen. Damit dies auf der ganzen Welt ohne Gefährdung der Mutter geschehen kann, kämpfen die überaus erfolgreichen Feministinnen in der UN und EU für „reproduktive Gesundheit".

Warum hat die Elterngeneration nicht standgehalten? Weil sie durch ihre Verstrickung mit dem Nationalsozialismus ihre moralische Autorität verloren hatte. Es gab in den Familien überwiegend Schweigen zwischen den Generationen, Spuren verwischen, den Hals wenden und alle Energie in das Wirtschaftswunder investieren, das nahtlos in die Spaßgesellschaft überging.

Ohne Bekenntnis, ohne Reue, ohne Umkehr sind die alten Sünden Brutstätten von neuen Sünden in neuen Kostümen. Das gilt für den einzelnen ebenso wie für ein Volk. Priester haben die Aufgabe, aus alten Sünden Brennholz für den Heiligen Geist zu machen.

Damals, 1973, habe ich die Zeichen der Zeit noch nicht deuten können, habe nicht selbst das rechte Urteil gefunden (vgl. Lk 12,54–59), aber ich habe die innere Stimme niemals zum Schweigen gebracht, die mich drängte, nach mehr Leben, nach tieferem Sinn, nach Wahrheit, nach – damals kannte ich das Wort noch nicht – Berufung zu suchen. Ich wurde über fünfzig, bis ich fündig wurde.

Damals, als ich ziemlich verloren auf der Landstraße unterwegs war, warf Gott mir einen Köder in die Lücke meines Lebenslaufes, und ich biß an. Er schenkte mir zwei Erlebnisse, die mir die Wirklichkeit Gottes aufleuchten ließen und mich zu einer Gottsucherin machten. Das eine war ein Sonnenuntergang, in dem ich erkannte: Es gibt Gott – so unmißverständlich, daß ich meine Reise abbrach, weil ich zu Hause jemanden kannte, von dem ich annahm, ich könnte von ihr etwas über Gott erfahren. Das zweite geschah im selben Jahr beim Hören der letzten Beethoven-Klaviersonate. Es schien mir damals, ich hätte „es" gefunden und könnte nie wieder unglücklich werden. Aber es war nur der Startschuß.

Meine Antwort war die Teilnahme an einem Zehn-Monats-Kurs an der International Academy for Continuous Education in England, einer „Schule für innere Arbeit". Wir taten das, was Mönche tun: Schweigen, Fasten, meditative Übungen, Selbstbeobachtung und Selbsterkenntnis.

Die Spiritualität war ein synkretistisches Potpourri der Weltreligionen, obwohl der Leiter, G. J. Bennett, Katholik war und mit einigen Studenten jeden Sonntag in die heilige Messe fuhr. Daß ich Mr. Bennett selig sterben sah, war vielleicht die wichtigste Erfahrung dieser Zeit. Die

Frage „Warum war Mr. Bennett katholisch?“ hat mich immer begleitet. Jetzt weiß ich es: Weil es keine Selbsterlösung gibt.

Zurück in Deutschland bekam ich einen journalistischen Auftrag, mit dem ich ein halbes Jahr durch die Vereinigten Staaten reisen konnte, um über spirituelle Kommunen zu schreiben. Ich begeisterte mich für das New Age. Bald danach lernte ich meinen Mann kennen, wir heirateten und bekamen drei Kinder. Die Suche ging weiter auf den Wegen der Psychologie und Esoterik, von Sackgasse zu Sackgasse.

Das führte schließlich in eine große Lebenskrise, und natürlich geriet auch unsere Ehe in diesen Strudel. Nach achtzehn Jahren taten wir, was alle Welt tut, wenn es Eheprobleme gibt: Wir trennten uns. Am 1. Januar 1996 war ich mit meinen drei halbwüchsigen Kindern allein.

In dieser Not kam eine junge Nachbarin an meine Tür – wir hatten uns bis dahin nur gegrüßt – und sagte: „Bete!“ Sie brachte mir eine Novene mit den großen Verheißungen Christi. Jedes Gebet schloß mit dem Satz: „Ich bin die Magd des Herrn. Mir geschehe nach deinem Wort.“

Es stand noch eine lächelnde Buddha-Statue an meinem Meditationsplatz, an dem ich mich gemüht hatte, mit der göttlichen Energie zu verschmelzen. Der Schritt in den Glauben fühlte sich an, als sollte ich vom Zehnmeterbrett springen, ohne zu wissen, ob unten Wasser ist. Niemals in meinem Leben habe ich mehr Mut gebraucht. Zum ersten Mal sprach ich Gott als Person an. Der Meditationsplatz wurde zum Gebetsplatz. Es dauerte noch eine Weile, bis die Buddha-Statue mein Haus verließ zusammen mit Körben voller esoterischer Bücher.

Ich war am Ende meines Lateins. Wenn keine Antwort käme – wohin sollte ich gehen? Ich wußte noch nicht, daß Gott Worte des ewigen Lebens hat. Aus dem lecken Boot meines Lebens steigen, ohne daß Jesus am anderen Ufer steht? Aber er stand ja da, nur sehen konnte ich ihn nicht. Plötzlich fiel mir der Entschluß in den Schoß: Ich werde katholisch. Die Entscheidung war unumstößlich – in einem Umfeld, in dem die katholische Kirche nicht nur die letzte, sondern gar keine Option war. Es war reine Gnade. Gott hatte Erbarmen mit diesem verlorenen Schaf und warf mir eine Strickleiter zu, mit der ich in das große Boot einsteigen konnte, das die Pforten der Hölle nicht überwältigen werden. Es war Maria, die die Tür öffnete.

BETEN

Die junge Nachbarin – in meinem Buch „Mein Weg zu Maria" heißt sie Kordula – brachte mir ein Gebetbuch. Ich sah das fettgedruckte Gebet:

Gegrüßet seist du Maria, voll der Gnade. Der Herr ist mit dir. Du bist gebenedeit unter den Frauen und gebenedeit ist die Frucht deines Leibes, Jesus. Heilige Maria, Mutter Gottes, bitte für uns Sünder, jetzt und in der Stunde unseres Todes.

Bis zum Abend lernte ich es auswendig. Bei Kordula gab es eine Marienstatue und Rosenkränze. Es war eine unglaubliche Präsenz im Raum, als wir zum ersten Mal beteten. Vierundzwanzig Stunden lang war ich plötzlich aus meinem blutigen Trennungsschmerz befreit. Seitdem habe ich den Rosenkranz nicht mehr losgelassen.

Kordula sprach mit leuchtenden Augen von ihrem „Freundeskreis im Himmel". Welche Verheißung für jemanden, der aus einer Scheidungsfamilie kommt und nun selbst der Verblendung erlegen war, Scheidung sei eine Lösung.

Von nun an veränderte sich mein Leben rapide. Ich sah ein Video über Marienerscheinungen und hatte die Idee, darüber ein Buch zu schreiben. Der Goldmann Verlag, für den ich als Übersetzerin von Esoterik gearbeitet hatte, gab mir den Auftrag und eine Vorauszahlung, die unsere Existenz für ein Jahr sicherte. Es wurde kein Buch über Marienerscheinungen, sondern ein Tagebuch meiner Umkehr, der Lösung aus dem Zeitgeist und der Entdeckung der unerschöpflichen Schätze des katholischen Glaubens.

Meine erste Reise ging nach Medjugorje. Ich fuhr hin mit dem Willen zur Scheidung meiner Ehe. Ich kam zurück mit dem Willen zur Fortsetzung meiner Ehe. Irgendwann wurde der Vorhang der Verblendung von Tränen weggeschwemmt, und mein Herz wurde weich für die Reue. Ich legte meine erste große Lebensbeichte ab. Leider hatte ich diese Reise allein gemacht. Heute bin ich geschieden.

Wie immer Sie über Medjugorje denken mögen – und ich kann nur raten, verschaffen Sie sich einen eigenen Eindruck –, es ist ein Ort der Umkehr und der Erneuerung der katholischen Glaubenspraxis. Hat die Kirche das nicht dringend nötig?

Am 12. Januar 1997, dem Fest der Taufe Jesu, wurde ich in die katholische Kirche aufgenommen. Damit war der Wechsel vollzogen vom ego-

istischen Weg des Do-it-yourself hin zu Jesus Christus, dem Erlöser aller Menschen. Er ist der Weg, er ist das Leben, er ist die Wahrheit. Dies zu glauben, war die größte Hürde der Bekehrung in einer Welt, die uns zu Feinden des Friedens erklärt, wenn wir uns dazu bekennen. Der Weg mit Jesus heißt Heiligkeit. Auch wenn die Heiligen in unerreichbar scheinendem Glanz leuchten – Christus ist der Weg, vom ersten Schritt bis zum letzten. Der Papst sagt in Novo Millenio Ineunte: „Das Geschenk der Heiligkeit ist jedem Getauften angeboten."

In der Kommunion wurde ich mit der Erfahrung zartester, lichtvoller Einheit mit Jesus Christus beschenkt. Deswegen zieht es mich in die heilige Messe, nicht nur sonntags, auch werktags. Meine Kinder, die die Wandlungen ihrer Mutter skeptisch beobachteten, sagten: „Mama, geh doch in die Kirche, dann geht's dir wieder gut!"

Während ich die Schätze entdeckte, die zweitausend Jahre lang in der Kirche angesammelt wurden, begann Kordula, sie zu verlieren. Sie studierte nämlich Religionspädagogik. Eine andere Freundin brach dieses Studium nach einem Semester ab, denn sie spürte: Ihr Glaube war in Gefahr. Sie würde nichts zu geben haben, wenn in ihr der Zweifel an der Autorität des Wortes Gottes, an der heilenden Gnade der Sakramente und am Gehorsam gegenüber dem Lehramt geschürt würde. Und dieser Zweifel wird genährt, wenn einer heute in Deutschland Theologie studiert. Ist das nicht tragisch? Da wird jemand von der Liebe Christi entzündet. Er oder sie will sein Leben dafür einsetzen, dieses Feuer weiterzutragen und will sich dafür qualifizieren. Und was geschieht: Das Feuer wird gelöscht.

Kordula lernte in ihrem Studium, daß Maria nicht unter dem Kreuz gestanden habe, weil das damals nicht erlaubt gewesen sei, daß die Auferweckung des Lazarus nur ein Bild für die Erneuerung des Lebens sei, daß das Wunder der Brotvermehrung darin bestanden habe, daß die Menschen durch Jesus bereit wurden, ihren mitgebrachten Proviant zu teilen. Es wurde nie von ihr verlangt, ein Apostolisches Schreiben zu studieren, und sie selbst verlor das Interesse daran. Im studentischen Milieu wurde Frömmigkeit belächelt und alle Übungen, die ihrer Förderung dienen: das Rosenkranzgebet, Marienverehrung, gar die Marienweihe, oder Wallfahrten. Den Papst zu kritisieren und das Lehramt für irrelevant zu halten, war „in" bei Professoren und Studenten; den Papst als Stellvertreter Christi zu ehren und zu lieben und den Weisungen des Lehramtes treu zu sein, war „out", und wer es offen tat, riskierte handfeste Nachteile. (Ein Priester erzählte mir einmal, daß er vor dem Examen schon gebeichtet habe, was er im Examen schreiben würde, um durchzukommen.) Daß der Zölibat ein alter Zopf sei, das Frauenpriestertum überfällig, Keuschheit vor der Ehe überholt und die gesetzliche Legitimierung der Homosexualität ein Fortschritt, das waren Überzeugungen, bei denen es keine Widerrede gab.

Kordula geriet in eine Glaubenskrise. Das Gebet trocknete aus und wurde in entsprechenden Exerzitien durch Meditation ersetzt. Der geistliche Begleiter schickte sie in Therapie mit dem Ergebnis, daß sie die Beichte als unwirksames Ritual empfand. Schließlich löste sie sich vom Fundament und brauchte nun nicht mehr zu befürchten, als Fundamentalist ausgegrenzt zu werden.

„Halt! Halt!“ rief ich. Das darf doch nicht sein. Da wird ja alles kaputtgemacht, was ich als Quelle der Heilung entdeckt habe. Anders als Kordula, konnte mich niemand verpflichten, mich mit Theorien auseinanderzusetzen, die meinen Glauben schwächten. Mein gesunder Menschenverstand sagte mir: Es ist nicht leichter zu beweisen, daß Maria nicht unter dem Kreuz gestanden hat, als es zu beweisen ist, daß sie unter dem Kreuz gestanden hat. Warum muß es überhaupt historisch „bewiesen" werden? Wenn Jesus auferstanden ist, warum sollte er dann die Wunder nicht wirklich vollbracht haben, von denen die Evangelisten so eindringlich berichten? Und wenn er nicht auferstanden ist, dann wäre unser Glaube, wie Paulus sagt, nichtig, und wir wüßten nichts mehr von einem schmählich gescheiterten Wanderprediger namens Jesus.

Es war schwer genug, den Sprung in den Glauben zu wagen. Jetzt kam alles darauf an, meinen Glauben zu stärken. Dafür mußte ich meinem Intellekt keineswegs ein Schlafmittel verabreichen, ganz im Gegenteil: Die apostolischen Schreiben, der Weltkatechismus, die Dokumente des Zweiten Vatikanischen Konzils, manche moderne Theologen, die Kirchenväter, die Zeugnisse und Schriften der Heiligen, überall dort – in unsystematischem Studium – wurde ich fündig: Mein Glaube wurde vertieft und mein intellektueller Horizont erweitert. Fides et Ratio – es ist kein Widerspruch.

Nach und nach wurde die Bibel zum wichtigsten und unvergleichlichen Buch. Ich wollte sie mir nicht madig machen lassen. Ich sehne mich

doch danach, daß die verwandelnde Kraft des Wortes Gottes in meinem Herzen wirksam wird. Aber in so vielen Predigten wird der Eiapopeia-Gott verkündigt, der niemanden hinter dem warmen Ofen der Wohlstandsgesellschaft hervorlockt. Schlaft ruhig weiter, der liebe Gott hat euch alle lieb. Nirgends steht, daß wir schlafend in den Himmel kommen. Selig preist der Herr jene, die wach sind, wenn er wiederkommt.
Paulus sagt: „Ich bin unschuldig, wenn einer von euch allen verlorengeht. Denn ich habe mich der Pflicht nicht entzogen, euch den ganzen Willen Gottes zu verkünden" (Apg 20,26–27). Im ersten Brief an Timotheus heißt es: „Achte auf dich selbst und auf die Lehre; halte daran fest! Wenn du das tust, rettest du dich und alle, die auf dich hören." (1 Tim 4,16)
Im zweiten Brief an Timotheus ist zu lesen: „Verkünde das Wort, tritt dafür ein, ob man es hören will oder nicht; weise zurecht, tadle, ermahne, in unermüdlicher und geduldiger Belehrung. Denn es wird eine Zeit kommen, in der man die gesunde Lehre nicht erträgt, sondern sich nach eigenen Wünschen immer neue Lehrer sucht, die den Ohren schmeicheln … Du aber sei in allem nüchtern, ertrage das Leiden, verkünde das Evangelium, erfülle treu deinen Dienst!" (2 Tim 4,2–5)

Diese Zeit ist gekommen, wahrscheinlich ist sie die beständige Gegenwart für die Verkündigung der radikalen Liebesbotschaft Jesu. Aber mancher, der die Kirchengeschichte kennt, sagt: Wir befinden uns in der tiefsten Krise, die die Kirche je durchgemacht hat. Sie verschleudert ihre Glaubensschätze, verliert ihren Glanz und hat ihre gesellschaftsprägende Kraft eingebüßt.

Liegt es daran, daß sie kaum mehr über die Letzten Dinge spricht? Über den äußersten Ernst des Menschenlebens, weil der Gebrauch unserer Willensfreiheit über ewiges Leben oder ewige Verdammnis entscheidet? Wenn es keine Hölle und keinen Teufel und keine Sünden gibt, dann erübrigt sich der geistliche Kampf. Wer dann siegt, das sehen wir allerorten.

Was tun jene, die die Schmeichellehre nicht ertragen? Sie verlassen ihre Gemeinden und fahren kreuz und quer durch die Gegend auf der Suche nach heiligen Priestern, die in der Vollmacht handeln und sprechen, die ihnen durch Jesus Christus in der Weihe verliehen wurde.

HEILGE MESSE

Während ich dies schrieb, läuteten an dieser Stelle die Glocken für den Vorabendgottesdienst. Weiterarbeiten oder in die Kirche gehen? Der Hunger nach dem Leib Christi drängte mich, dem Ruf der Glocken zu folgen. Aber nicht der Pfarrer schritt zum Altar, sondern drei junge Leute aus der Gemeinde in weißen Alben. Wortgottesdienst! Eine junge Frau steht am Altar und betet mit ausgebreiteten Händen. Sie tritt an den Ambo und sagt: „Der Herr sei mit euch“, und die Gemeinde antwortet brav: „Und mit deinem Geiste.“ Dann liest sie das Evangelium, gefolgt von Gedanken eines Herrn XY. Das junge Team mit zwei Ministranten geht zum Tabernakel und trägt den mit konsekrierten Hostien übervollen Kelch zum Altar. Ich verzichtete auf die Kommunion.

Plötzlich spüre ich Sehnsucht nach der alten Messe, obwohl ich sie nur ein paar Mal erlebt habe. Welch ein himmelschreiendes Gefälle zwischen der alten heiligen Messe und dem Laienschauspiel in diesem Wortgottesdienst! Es ist keine wirkliche Not, die dazu führt. Es gäbe sogar einen pensionierten Priester am Ort. Mir scheint: Die Entsakralisierung ist gewollt.

Aber ich bin doch in die Kirche eingetreten, weil ich das Heilige suche! Nirgendwo sonst habe ich es gefunden auf den langen, leidvollen Irrwegen. Nicht es, sondern Ihn, den Vater, den Sohn und den Heiligen Geist. Und nun wird Gott auch noch in der Kirche verdunkelt!

Maranatha!

Es bedarf heiliger Priester, damit der dreimal Heilige in der Welt wirken kann. Das Wirken des Heiligen Geistes in der Heilsgeschichte ist „aktiv und dynamisch, prophetisch und missionarisch" – so Johannes Paul II. in seinem Apostolischen Schreiben „Der Bischof – Diener des Evangeliums Jesu Christi für die Hoffnung der Welt". Fast alles, was darin steht, gilt ebenso für den Priester. Auch er ist Diener des Evangeliums Jesu Christi für die Hoffnung der Welt. Meine Hoffnung, meine Sehnsucht besteht darin, daß Priester wirklich das sind, wozu sie Jesus berufen hat. Wir brauchen solche Priester so nötig.

Priester von heute sind in die Schulen dieser Welt gegangen, sind dem gleichen Druck des Zeitgeistes ausgesetzt gewesen wie jeder andere, haben die wachsende Mißachtung der Kirche und des Priesters erlebt, ihre Zerrissenheit in Bewahrer und Modernisten. Und doch ist der Ruf Gottes, Priester zu werden, in ihr Herz gedrungen in einer Welt, die mit aller Macht und allem Lärm bemüht ist, diesen Ruf zu übertönen. Priester sein heißt, in der Welt Christus zu vertreten. Eine höhere Berufung gibt es nicht.

Einen zum Priester Geweihten nennt man auch „Geistlichen". Sein Handeln geschieht in der unsichtbaren, geistlichen Welt. Wenn er Brot und Wein in den Leib und das Blut Christi wandelt, ist das ein geistlicher Vollzug. Wenn er tut, wozu Jesus ihn bevollmächtigt hat, nämlich Sünden zu vergeben, zu heilen und Dämonen auszutreiben, dann wirkt er in der geistlichen Wirklichkeit eines Menschen mit geistlichen Mitteln. Wir empfinden einen Mißklang, wenn der Priester nicht auch als Person ein geistlicher Mensch ist. Unter einem geistlichen Menschen verstehe ich jemanden, der seine Schätze im Himmel anhäuft und nicht auf der Erde; einer, der in der Welt ist, aber nicht von ihr.

Ich erinnere mich an einen Abend in Assisi. Der wohnliche Platz war voll mit Menschen, die dort miteinander plauderten, ein Glas Wein tranken, sangen, spielten und lachten. Dazwischen standen Franziskaner in ihren schwarzen Kutten, zusammengehalten von einem wei-

ßen Strick, an dem manchmal ein Rosenkranz baumelte. Sie waren den Menschen zugewandt und erreichbar, aber es war sichtbar: Der Schwerpunkt ihrer Existenz lag woanders.

Der Habit oder die Priesterkleidung signalisiert den Menschen und fordert von seinem Träger: „Ich bin in der Welt, aber nicht von ihr. Ich kann dir etwas sagen über das Woher und Wohin des Menschen. Der

Tod ist ein guter Bekannter von mir. Und derjenige, der den Tod besiegt hat, Jesus Christus, ist mein Herr und mein Freund. Ich kann dir von ihm erzählen, wenn du willst, und dich mit ihm bekanntmachen. Wenn du suchst, dann komm du zu mir; wenn du leidest, dann komm ich zu dir. Ich bin nicht verstrickt in die Welt, weil ich im Gehorsam lebe. Vieles, woran du dein Herz hängst, brauche ich nicht. Deswegen siehst du Gelassenheit und Heiterkeit in meinem Gesicht.“

Allein die Gegenwart der Franziskaner auf diesem Platz brachte eine vertikale Dimension in das Getümmel.

Ich finde es wichtig, daß Geistliche an ihrer Kleidung erkennbar sind. Wenn ich mit einem Mann ins Gespräch komme und erst nach einer Weile entdecke, daß er Priester ist, fühle ich mich getäuscht. Er kommt mir vor wie ein Ehemann, der keinen Ring trägt.

Und worin besteht das andere Leben des Geistlichen? Drei Räte sind es, nur drei, deren Befolgung die Verstrickung mit der Welt radikal löst: Gehorsam, Keuschheit und Armut. Diese christlichen Tugenden strecken wie Stöcke im Rad der Welt, das sich um Macht, Sex und Reichtum dreht.

GEHORSAM

Ich beginne mit dem Gehorsam, weil das Nicht-Hören auf die Weisung Gottes die erste Sünde war, die die ersten Menschen begingen. „Hat Gott wirklich gesagt, ihr dürft von keinem Baum des Gartens essen?“ fragt die Schlange. Sie ist wirklich schlau, diese Schlange, sie ist ein Meister der Manipulation. In ihrer Frage unterstellt sie Gott als unerträglich strengen Gott: Da umgibt er den Menschen mit diesen herrlichen Früchten und keine soll er essen dürfen? Einmal noch widerspricht Eva, aber das Mißtrauen ist gesät: Gott ist unbarmherzig streng. Fürchten wir das nicht alle? Wenn wir dem Willen Gottes wirklich gehorsam wären, dann würde das Leben schwer und freudlos. Fürchten wir das nicht auch dann noch, wenn wir wieder und immer wieder das Gegenteil erfahren? Glauben wir der Zusicherung Christi: „Mein Joch drückt nicht, und meine Last ist leicht“ (Mt 11,30)?

Wenn ich mich frage, warum es mir schwerfällt, die Ganzhingabe ganz zu vollziehen, dann ist die Antwort: Weil ich fürchte, daß Gott mir mehr Leiden zumuten könnte, als ich tragen kann und will, und weil ich der Illusion noch immer Raum gebe, ich hätte das Maß von Glück und Leid in der eigenen Hand.

Eva spricht die Konsequenz des Ungehorsams gegenüber Gott aus: „Gott hat gesagt: Davon dürft ihr nicht essen, daran dürft ihr nicht rühren, sonst werdet ihr sterben."
Aber die Schlange lügt schamlos. „Nein, ihr werdet nicht sterben." Tut nur, was euch lockt! Die Sünde hat keine Konsequenzen. Ja mehr noch: „Ihr werdet sein wie Gott." Die Schlange weckt die Ur-Sehnsucht des

Menschen und verführt ihn zur Ur-Rebellion gegen Gott. So zerreißt die Liebesbindung zwischen Gott und dem Menschen. Maria wird mit ihrem Fiat, mit ihrem bedingungslosen Gehorsam als Magd des Herrn, Gott ermöglichen, diesen Riß im neuen Bund zu heilen.
Wir sind dabei, die Welt und den Menschen zu ruinieren, weil wir sein wollen wie Gott und die Entwicklung von Wissenschaft und Technik

immer krassere Übergriffe ermöglicht. Totipotente Zellen von Embryonen sollen es sein, nach denen die profitsüchtige Forschung ihre gierigen Hände ausstreckt. Aus ihnen lassen sich sogar das Ei und die Samenzelle züchten, für Mäuse soll es bereits gelungen sein. Aber, wird die Schlange fragen, gibt es wirklich einen Unterschied zwischen Mäusen und Menschen?

Ich habe nicht viel Erfahrung mit Gehorsam. Als ich Studentin war, machte die antiautoritäre Erziehung Furore und die Kinder kaputt. Als ich Ehefrau war, schien die Forderung des Paulus, „Frauen [sollen sich] in allem den Männern unterordnen", als Beweis für die Unterdrückung der Frau in der Kirche. Daß im selben Brief an die Epheser ein paar Zeilen weiter die Männer aufgefordert werden: „Liebt eure Frauen, wie Christus die Kirche geliebt und sich für sie hingegeben hat", das wurde ausgeblendet.

Ich wurde katholisch, weil mich meine Seele in der Not drängte, auf die Knie zu gehen. Ich bemühe mich, den Willen Gottes zu erkennen und ihn zu tun, aber kein Mensch sagt mir: Das mußt du tun.

Das ist für einen Priester oder einen Ordensangehörigen anders. Er gelobt bei der Weihe dem Bischof Gehorsam, und der Bischof gelobt bei seiner Weihe dem Papst Gehorsam. Wenn ich glaube, daß der Heilige Geist die Kirche führt, wie anders könnte er sie führen als durch dieses hierarchische Prinzip?

Auch Obere sind Menschen und können falsch entscheiden. Könnte es sein, daß Gott diese Fehler wiedergutmachen kann, während die Aufgabe des hierarchischen Prinzips die Kirche zerstören würde?

Wenn die Zahnräder des Gehorsams ineinandergriffen, was hätten wir für eine leuchtende Kirche! Man stelle sich vor, der Heilige Vater schreibt einen Brief und Bischöfe und Pfarrer brennen darauf, ihn in der Gemeinde zu verkünden und in die Tat umzusetzen! Etwa die dringende Aufforderung des Papstes in Novo Millenio Inenunte, die Gemeinden zu Gebetsschulen zu machen.

KEUSCHHEIT

Auf die Ehe zu verzichten, ist ein existentielles Opfer, das der Priester und jeder Gott Geweihte darbringt. Er lebt, wie Jesus gelebt hat und wie alle im Himmelreich leben werden – im direkten Liebesaustausch von Herz zu Herz. Jeder von uns sehnt sich nach Liebe, nach Umarmung, nach Angenommensein, nach Hingabe, nach der Ergänzung im anderen Geschlecht, nach den Augenblicken tiefster Lösung in der seelischen und körperlichen Einheit mit einem geliebten Menschen.

Zölibat heißt, der leiblich-menschlichen Erfüllung zu entsagen und die ganze Sehnsucht nach Liebeseinheit auf Jesus Christus zu werfen im Glauben, daß sie sich in Ihm geistlich erfüllen kann. Jesus Christus ist Person. Seine Liebe ist eine erfahrbare Realität. So wie der Mann der Frau und die Frau dem Mann sagt: „Nur du!", so sagt der Priester zu Jesus: „Nur du!" Es muß eine Liebeserklärung sein. Wie Eheleute sich das Versprechen zu lebenslanger Treue nur geben können, weil die Liebe zwischen ihnen entzündet ist, so kann auch ein Priester dieses Versprechen Christus nur geben, wenn er Jesus liebt. Das ist der Anfang. Dann kommt die Arbeit im Eheleben ebenso wie im Priesterleben.

Wie bleibt die Liebe lebendig? Durch alles, was einer tut, um sich durch ein entschiedenes geistliches Leben für die Gnade empfänglich zu machen, ob Priester oder Laie. Ohne täglich ausführlich mit dem zu sprechen, den wir lieben, ist es nicht möglich. Liebe braucht Zeit, die Liebe zu Gott braucht Gebetszeit. Die Quellen des Heils, die uns die Kirche erschließt, sind unerschöpflich: das tägliche Meßopfer, regelmäßige Reinigung in der Beichte, Betrachten der Heiligen Schrift, gottesfürchtige Theologie, Verehrung der Heiligen, Fasten und Teilen, Anbetung des Geliebten im ausgesetzten Allerheiligsten, die Lehrschreiben der Päpste, Wallfahrten zu Orten besonderer Gnade, geistliche Begleitung durch einen Freund Jesu, gute Werke.

Die heilige Hildegard sagt: „Überlegt gut, ob ihr in der Umarmung der göttlichen Geheimnisse leben könnt." Ein ganzes Leben lang. Der Weg der Heiligkeit heißt ja nichts anderes, als an der Liebesbeziehung zu Christus und allem, was ihm angehört, festzuhalten. Groß ist die Gefahr, die erste Liebe zu verlieren, für Eheleute nicht minder wie für Priester. Das Priesterseminar müßte eine Art Brautschule für das Leben mit Jesus sein. Sonst könnte in einiger Zeit der Vorwurf des Engels an die Gemeinde von Ephesus zutreffen: „Ich werfe dir aber vor, daß du deine erste Liebe verlassen hast. Bedenke, aus welcher Höhe du gefallen bist. Kehr zurück zu deinen ersten Werken. Wenn du nicht umkehrst, werde ich kommen und deinen Leuchter von seiner Stelle wegrücken. Doch für dich spricht: Du verabscheust das Treiben des Nikolaiten, das auch ich verabscheue." Darauf folgt die große Verheißung: „Wer siegt, dem werde ich zu essen geben vom Baum des Lebens, der im Paradies Gottes steht" (Off 2,4–7).

Die Nikolaiten propagierten damals die sexuelle Ausschweifung. Sie tun es auch heute. Sie beherrschen die Medien. Es ist ihnen gelungen, die Gesetze so zu verändern, daß Unzucht normal und legal wird. Sie sind sogar in die Kirche eingedrungen, wovon die Zeitungen hämisch berichten. Wir sind nicht am Ende dieses Prozesses, es ist ein Abgrund ohne Boden. Wir können kaum eine Zeitung, eine Werbung oder einen Film anschauen, ohne sexuell aufgereizt zu werden. Wie soll man da zölibatär leben können?

Es ist, so sagen mir Priester, kein Können, sondern eine Gnade, die mit der Berufung und der Weihe geschenkt wird.

Wer könnte Ihnen diese Gnade wirksamer erbitten als Maria? Wer könn-

te ein vollkommeneres Vorbild sein? Was könnte Sie besser vor einer Verhärtung im Männlichen bewahren als die Verehrung der über alle Maßen schönen Mutter Gottes?

Wie der Gehorsam ist auch der Zölibat ein Stachel im Fleisch einer Gesellschaft, die den Sexualtrieb entfesselt hat und ihn vergötzt. Warum dieser Druck der Welt auf die Kirche, sie müßte den Zölibat aufgeben? Es

geht sie doch gar nichts an, welches Opfer der Priester bringt, um in inniger Liebe mit Gott zu leben und die Kraft, die ihm daraus zufließt, den Menschen zuzuwenden? Dankbarkeit ist die einzig angemessene Haltung. Aber allein die Existenz des Zölibatären ist eine Anklagc gegen die Sexsüchtigen. Jeder, der in Sünde verstrickt ist, möchte, daß alle sündigen, denn das entlastet – scheinbar – von der Schuld.

Priester geloben nicht nur Keuschheit, sie haben sie auch zu verkündigen und zu lehren. Keuschheit bedeutet nicht sexuelle Abstinenz, sondern eine Lebenshaltung, die ebenso für Ehepaare gilt, für welche die Sexualität ein Ausdruck der Liebe ist und nicht die Befriedigung von Begierde, welche den anderen zum Objekt macht. Der Katechismus definiert diese Tugend so:

„Keuschheit bedeutet die geglückte Integration der Geschlechtlichkeit in die Person und folglich die innere Einheit des Menschen in seinem leiblichen und geistigen Sein" (KKK 2337).

Die strenge katholische Morallehre will dem Menschen nicht unnötige Lasten auflegen, sondern ihn auf den Höhenweg der Liebe führen. Die große sozialwissenschaftliche Untersuchung des englischen Anthropologen J. D. Unwin, „Sex and Culture" (Oxford University Press, 1934), zeigt, daß dies zugleich die Bedingung von Hochkulturen ist. Unwin sagt: „Hätte ich erkennen müssen, wie sehr ich meine persönliche Philosophie als Ergebnis dieser Studie ändern mußte, dann hätte ich vielleicht gar nicht begonnen."

Je strenger die Sexualnormen, um so höher das gesellschaftliche Niveau, je freier die Sexualnormen, um so niedriger. Nur wenn in einer Gesellschaft die Frauen voreheliche Keuschheit bewahren, gibt es Gottesverehrung. Wo unbegrenzte voreheliche sexuelle Freiheit gewährt wird, gibt es weder Gottesverehrung noch Ahnenverehrung, sondern ausschließlich Natur- und Tierverehrung. Wenn eine Gesellschaft drei Generationen lang völlige sexuelle Freiheit vor der Ehe gewährt, dann sinkt sie auf das unterste Niveau. Unwin wörtlich: „Die Begrenzung der sexuellen Triebbefriedigung muß als die Ursache des kulturellen Fortschritts betrachtet werden" (Unwin, S. 317).

Die Ergebnisse von Unwin werfen ein Licht darauf, warum es die Klöster waren, die die christlich-abendländische Kultur prägten. Und sie erklären, warum eine Gesellschaft, die immer entschlossener gegen die Kirche kämpft, ein Interesse daran hat, den Zölibat zu Fall zu bringen.

Sind die strengen Sexualnormen, die uns Jesus auferlegt, eine schwere, eine zu schwere Last? Die Untersuchung von Unwin zeigt: Ihre Einhaltung ist die Bedingung für die Blüte der Kultur. Jesus will, daß wir in der Fülle des Lebens, in entfalteter schöpferischer Kultur leben. Es ist ein Akt der Liebe Gottes, uns diese Gebote zu geben.

ARMUT

Wir sind Kinder des Friedens und des Wohlstandes. Ich kenne materielle Unsicherheit als Rahmenbedingung meines Lebens, aber nicht Armut. Ich bin nicht einmal weit genug gereist, um die menschenunwürdige Armut, die die Mehrzahl der Bewohner dieser Erde niederdrückt, auch nur zu sehen. Aber wir spüren, daß dieser Zustand prekär ist, und fürchten den Absturz. Der Wohlstand der Massen beginnt an allen Ecken und Enden zu bröckeln. Gegenwärtig findet eine große Umverteilung statt von den vielen zu den immer weniger sehr Reichen.

Konsum ist in der Spaßgesellschaft zum Lebensinhalt geworden, zur Ideologie, die den Menschen weismacht, sie bräuchten Gott nicht. Weil jeder in der Tiefe fühlt, daß die Anhäufung von Gütern dem Leben keinen Sinn gibt, ist der „Reichtum des Vatikans" oft ein Anklagepunkt der Atheisten. Aber geben nicht alle Hochkulturen Gott die Ehre durch Kunstwerke, die von seiner Herrlichkeit künden?

Bisher heißt Armut in unserem Land für die meisten freiwilliger Konsumverzicht. In dem Maß, in dem das einer tut, ist er ein Stachel im Fleisch der Zeit. Franziskus hat es mit äußerster Radikalität getan und dadurch die Kirche erneuert. Wir alle haben gerade bei der Seligsprechung von Mutter Teresa die Bilder gesehen, wie sich ein Mensch der Allerärmsten erbarmt. Das Strahlen in den Augen von Mutter Teresa erleuchtet die Kirche. Jeder weiß: Das ist Kirche – Teilen, Solidarität, Niederbeugen und Helfen. Und jeder weiß: Verhaftung an die Güter dieser Welt ist nicht Kirche, denn sie macht den Menschen undurchlässig für die Gnade und unbarmherzig gegenüber dem Nächsten.

Was der Heilige Vater über den Bischof sagt, gilt für jeden Priester: „Der Bischof, der ein authentischer Zeuge und Diener des Evangeliums der Hoffnung sein will, muß ein vir pauper sein. Das verlangt sein Zeugnis für den armen Christus, zu dem er verpflichtet ist; das verlangt auch die Sorge der Kirche für die Armen, denen Vorzug gebührt" (Pastores gregis, 20).

Die evangelischen Räte sind die Basis für ein Leben in der Welt, das nicht von der Welt ist. Jesus ruft jeden von uns auf diesen Weg, welchem Stand er auch angehören mag. Die hohe Schule des christlichen Lebens ist die Bergpredigt. Jesus entfernt sich von den vielen Menschen, steigt auf einen Berg und lehrt seine Jünger, damit diese seine Lehre weitertragen bis an die Enden der Erde. Drei Jahre haben die Jünger Zeit zu lernen. Dann gibt er ihnen Vollmacht, Kranke zu heilen, Dämonen auszu treiben und Sünden zu vergeben. Mit dieser Vollmacht sendet er sie in die Welt:

„Darum geht zu allen Völkern und macht alle Menschen zu meinen Jüngern; tauft sie auf den Namen des Vaters und des Sohnes und des Heiligen Geistes und lehrt sie, alles zu befolgen, was ich euch geboten habe. Seid gewiß: Ich bin bei euch alle Tage bis zum Ende der Welt" (Mt 28,19–20).

Er ist bei uns alle Tage, weil der Priester durch die Weihe bevollmächtigt wird, das Opfer Jesu Christi am Kreuz in jeder heiligen Messe gegenwärtig zu setzen und Brot und Wein in seinen Leib und sein Blut zu verwandeln.

Das alles ist von überwältigender Macht und Größe. Nichts davon kann ein Priester aus eigener Kraft tun. Die Demut und die Bereitschaft zu dienen, ist die conditio sine qua non. Jesus sagt zu uns allen: „Lernt von mir, denn ich bin gütig und von Herzen demütig."

Die Welt braucht Priester, die es wagen, die Vollmachten in Anspruch zu nehmen, die ihnen Jesus verliehen hat.

SÜNDEN VERGEBEN

Sünden kann der Priester nur vergeben, wenn es Menschen gibt, die ihre Sünden erkennen. Dazu bedarf es einer Verkündigung, die in den Menschen die Sehnsucht nach dem ewigen Leben nährt und nicht verschweigt, was Jesus den Menschen sagt:

„Da fragte ihn einer: Herr, sind es nur wenige, die gerettet werden? Er sagte zu ihnen: Bemüht euch mit allen Kräften, durch die enge Tür zu gelangen; denn viele, sage ich euch, werden versuchen hineinzukommen, aber es wird ihnen nicht gelingen“ (Lk 13,23–24).

Darf man den Menschen sagen, ihr Weg führt in den Himmel, wenn es sein kann, daß er in die Hölle führt?

Es bedarf einer Verkündigung, einer Katechese und eines Vorbilds, welche die Menschen in eine lebendige Liebesbeziehung zu Jesus und Maria führen. Dann erfährt man die Sünde als Verletzung der Liebe zu Jesus und als Schmerz im eigenen Herzen. Wer diesen Schmerz fühlt und bereut, der eilt zur Beichte, um sich die Vergebung schenken zu lassen.

Ohne Selbsterkenntnis keine Heiligkeit, das bezeugen die Heiligen, die es wissen müssen. Wie wunderbar, daß ich mich anschauen und an-

nehmen kann, wie ich wirklich bin, denn ich darf darauf vertrauen, daß die Barmherzigkeit Jesu größer ist als jede Sünde. Ein Priester, der selbst aus der Barmherzigkeit Gottes lebt, durch den kann Christus das Herz der Menschen berühren.

Wenn wir glauben, daß es ein Gericht geben wird, dann glauben wir,

daß im Feuer des Liebesblickes Gottes alles offenbar wird, jede Lüge, jede Begierde, jede Untreue. In der Beichte stellen wir uns schon jetzt in diesem irdischen Leben in den Liebesblick Jesu. Sie ist eine beständige Vorbereitung auf das Gericht. Wie ist es möglich, daß das Sakrament der Versöhnung mit Gott in der Kirche brachliegt?

HEILEN

Die wichtigste Heilung, die ein Mensch erfahren kann, ist die Vergebung der Sünden. Heilung ist ein geistlicher, ein seelischer und ein physischer Prozeß. Ein Mensch, der mit Gott im reinen ist, wird auch physische Krankheit ganz anders ertragen können, er wird vielleicht sogar von einem Priester dazu hingeführt, sein Leiden mit dem Leiden Christi zu vereinen und als Sühne aufzuopfern.

Nimmt die Kirche in unserem Land das Charisma der Heilung an? In den kirchlichen Beratungsstellen, an die sich Menschen in seelischer Not wenden, wird fast ausschließlich Psychotherapie angeboten. Wer die Hilfesuchenden zu den Sakramenten führen will, kann Schwierigkeiten mit seinem kirchlichen Arbeitgeber bekommen.

Wenn Jesus sagt: „Heilt Kranke!", dann gibt er den Jüngern die Vollmacht, das zu bewirken, was er getan hat: Lahme gehen, Blinde sehen, Taube hören.

Man hört von Priestern, die das Charisma der Heilung haben. Pater Tardif war so jemand. Werden Seminaristen auf die besonderen Charismen des Priestertums vorbereitet, damit sie fähig werden, es anzunehmen, wenn sie von Gott geschenkt werden? Oder werden sie eher zu Managern von Seelsorgeeinheiten ausgebildet?

DÄMONEN AUSTREIBEN

Die Heilige Schrift berichtet immer wieder, daß Jesus die Menschen von unreinen Geistern befreite. Aus Maria von Magdala, die erste, die den Herrn nach der Auferstehung sah, trieb er sieben Dämonen aus. Handelt es sich um zeitgebundenen Aberglauben Jesu? Haben die Evangelisten diese Geschichten erfunden? Gibt es keine Besessenheit, jedenfalls heute nicht mehr?

Oder existiert Satan mit einem Heer dämonischer Geister, die den Menschen zum Bösen drängen und um seine Seele kämpfen, wirklich? Im ersten Johannesbrief heißt es: „Der Sohn Gottes aber ist erschienen, um die Werke des Teufels zu zerstören" (1 Joh 3,8). Wenn also der Priester Stellvertreter Christi auf Erden ist, dann ist das auch seine Aufgabe. Er muß die Menschen belehren und stärken im geistlichen Kampf.

In unserer Zeit wird mit dem Okkulten und Satanischen gespielt, insbesondere in der Jugendliteratur und Musik. Harry Potter – und nicht nur er – füllt die Phantasie der Jugend dieser Welt mit okkulten Praktiken. Alles nur Spiel? Alles nur Phantasie? Ich fürchte, da wird eine schlimme Saat gesät.

Die Übergänge von der Esoterik ins Okkulte sind fließend. Die Men-

schen wissen nicht, daß sie sich verstricken und ihnen dadurch der Weg zu Gott verstellt wird. Wie soll sich der Gläubige orientieren, wenn katholische Bildungswerke Einfallstore für Esoterik sind und der Weltbildverlag, der zu hundert Prozent Eigentum der deutschen Bischöfe ist, Esoterik, Satanismus und Pornographie vertreibt? Um so wichtiger ist es, daß die Hirten bei ihren Schafen den Geist der Unterscheidung schärfen, damit sie nicht hilflos denen in die Fänge gehen, die ihr ewiges Heil verwirken wollen.

In dieser Verwirrung wird der Dienst der Befreiung immer notwendi-

ger. Jede Diözese sollte einen vom Bischof beauftragten Exorzisten haben. Aber das ist oft nicht der Fall. Das Feld wird den Psychiatern überlassen, die von der geistlichen Dimension meist nichts wissen. Wer diesen Dienst sucht, geht in die Exerzitien von indischen Priestern, die unter den Katholiken in Deutschland Missionsarbeit machen. Sie bauen auf das Wort Gottes im Glauben, daß es bewirkt, was es sagt. Sie nehmen die Vollmachten an, die ihnen Jesus verliehen hat. Die Früchte sind: Bekehrung, Heilung, Befreiung.
Die Voraussetzung dafür ist, daß der Priester ein reines, heiliges Leben

führt und den Weg selbst geht, den er täglich verkündet. Viele Priester sind in der Welt und von ihr. Sie sind entmutigt, depressiv, einsam. Es kann nicht anders sein, wenn sie an ihrer Berufung, Stellvertreter Christi zu sein, vorbeileben. Priester sein ist eine Frage von ganz oder gar nicht. Wer mit dem Zeitgeist Kompromisse eingeht, die der Lehre der Kirche widersprechen, verliert zwar nicht die Vollmacht, Sakramente gültig zu spenden, aber der Riß in seiner Seele wird sich auf die Gemeinde übertragen. Er wird niemanden mehr durch den Heiligen Geist entzünden; er kann die Liebe zu Jesus Christus nicht wecken. Menschenfurcht befällt ihn und drängt ihn immer mehr zur Anpassung. Niemand stützt ihn, niemand hält ihn fest. Zwar wird er beliebt und kann mit medialem Applaus rechnen, aber er zahlt dafür einen hohen Preis: Er wird in seinem Priesterherzen unglücklich. Er verdunkelt den Glanz der Kirche. Die Erinnerung an seine Berufung verblaßt, an den Anfang, als er ergriffen war von der Liebe Christi und sein Leben dafür einsetzen wollte, die Menschen mit dieser Liebe bekanntzumachen.

„Ich werfe dir aber vor, daß du deine erste Liebe verlassen hast“, sagt der Engel zur Gemeinde von Ephesus. „Bedenke, aus welcher Höhe du gefallen bist. Kehr zurück zu deinen ersten Werken! Wenn du nicht umkehrst, werde ich kommen und deinen Leuchter von seiner Stelle wegrücken“ (Off 2,4–5).

Eben dies geschieht vor unseren Augen in atemberaubendem Tempo: Die Menschen fallen vom Glauben ab, die Kirchen werden leer, die Klöster sterben aus. Die Kirche verliert ihren Einfluß auf die gesellschaftliche Entwicklung, und das Böse triumphiert.

EUCHARISTIE

Kommen wir zum wichtigsten aller Aufträge Jesu, zur „Quelle und dem Höhepunkt des ganzen christlichen Lebens“ (LG, 11), der Feier der heiligen Eucharistie.

Im April 2003 hat Papst Johannes Paul II. die Enzyklika Ecclesia de Eucharistia (EdE) veröffentlicht. Es ist ein wunderbares Dokument. Wäre er zurückgetreten, wie ihm besonders aus Deutschland nahegelegt wurde, hätten wir dieses und andere wegweisende Lehrschreiben nicht.

Die Eucharistie ist die größte Zumutung an den Intellekt, die sich denken läßt. Verwandlung von Brot und Wein in den Leib und das Blut Christi durch die Hände und die Worte des geweihten Priesters.

Ich sage meinem Intellekt: Das kannst du nicht verstehen, also schweig. Aber das Herz kann diese Wahrheit glauben und erleben.

Was für eine Tat Gottes: immer wieder neu seinen Tod am Kreuz und seine Auferstehung gegenwärtig zu setzen und uns seinen Leib zu essen und sein Blut zu trinken zu geben. Nie hätte ein Mensch das erdenken oder vorhersehen können. Ich rechne deswegen mit weiteren, vollkommen unvorhersehbaren Taten Gottes.

Der Papst schreibt: „Dieses Staunen muß die Kirche immer ergreifen, wenn sie sich zur Feier der Eucharistie versammelt. Aber in besonderer Weise muß es den Spender der Eucharistie begleiten. Dank der Gnade, die ihm durch das Sakrament der Priesterweihe verliehen wurde, kann er die Wandlung vollziehen“ (EdE, 5).

Muß die ganze Liturgie nicht ein Gefäß für dieses Wunder sein, das sich in jeder heiligen Messe vor unseren Augen vollzieht? Die in zwei Jahrtausenden gewachsene Liturgie schafft den geistigen Raum für die Heiligkeit des Sakraments, für die Gegenwart Christi, aus dem die Liebe und die Wahrheit strömt, nach denen die Menschen lechzen.

Wenn Gott im Brot und Wein gegenwärtig ist, warum wird man dann zum Außenseiter, wenn man sich zum Empfang des Herrn kniet und sich die Hostie auf die Zunge legen läßt?

Wenn Jesus mit seiner Menschheit und Gottheit in der konsekrierten Hostie gegenwärtig ist, warum ist die Kirche nicht um das Allerheiligste versammelt und fleht um Erneuerung? Tatsache ist aber: In vielen Gemeinden ist es schwer, wenn nicht unmöglich, die Erlaubnis zur Anbetung zu erhalten. Ob sich das ändern wird durch diese Enzyklika? Darin heißt es:

„Der Kult, welcher der Eucharistie außerhalb der Messe erwiesen wird, hat einen unschätzbaren Wert im Leben der Kirche … Es obliegt den Hirten, zur Pflege des eucharistischen Kultes zu ermutigen, auch durch ihr persönliches Zeugnis, insbesondere zur Aussetzung des Allerheiligsten sowie zum anbetenden Verweilen vor Christus, der unter den eucharistischen Gestalten gegenwärtig ist.

Es ist schön, bei ihm zu verweilen und wie der Lieblingsjünger, der sich an seine Brust lehnte, von der unendlichen Liebe seines Herzens berührt zu werden. Wenn sich das Christentum in unserer Zeit vor allem durch die ‚Kunst des Gebetes' auszeichnen soll, wie könnte man dann nicht ein erneuertes Verlangen spüren, lange im geistlichen Zwiegespräch, in stiller Anbetung, in einer Haltung der Liebe bei Christus zu verweilen, der im Allerheiligsten gegenwärtig ist? Wie oft, meine lieben Brüder und Schwestern, habe ich diese Erfahrung gemacht und daraus Kraft, Trost und Stärkung geschöpft!" (EdE, 25).

MARIA

Wie wir wissen, hat Johannes Paul II. eine ganz besonders tiefe Beziehung zu Maria als Quelle der Kraft, des Trostes und der Stärkung gehabt. Der Papst erläutert ihre innigste Einheit mit der Eucharistie:

„Wenn die Eucharistie ein Geheimnis des Glaubens ist, das unseren Verstand so weit überragt, daß von uns eine ganz reine Hingabe an das Wort Gottes gefordert wird, kann uns niemand so wie Maria Stütze und Wegweiserin sein, um eine solche Haltung zu erwerben" (EdE, 54).

„Das Gedächtnis des Todes Christi in der Eucharistie zu leben, bedeutet, daß wir die Mühe auf uns nehmen, Christus gleichförmig zu werden, indem wir uns in die Schule der Mutter begeben und uns von ihr begleiten lassen. Mit der Kirche und als Mutter der Kirche ist Maria in jeder unserer Eucharistiefeiern anwesend. Wenn die Kirche und die Eucharistie untrennbar miteinander verbunden sind, muß dasselbe auch von Maria und der Eucharistie gesagt werden" (EdE, 57).

Ist es für den zölibatären Priester nicht lebenswichtig, gibt es etwas Schöneres, als „Maria zu sich zu nehmen", wie es der Lieblingsjünger Johannes getan hat? Es ist schwer und zunächst eine Erfahrung der Entbehrung, in einer geliebten Person des anderen Geschlechts nicht Ergänzung, Bereicherung und Bestätigung zu finden. Um so wichtiger ist es, daß der Priester mit Geist und Herz in einer innigen Beziehung zur schönsten aller Frauen lebt. Der Glanz ihrer Reinheit und Schönheit und Milde und Güte teilt sich ihm mit und öffnet das Herz der Gläubigen, die auf den Priester schauen.

HEILIGKEIT

Wenn das Feuer nach der Priesterausbildung noch brennt und der Priester eine Gemeinde damit entzünden will, gerät er unweigerlich in die Mahlsteine der verschiedenen Fraktionen einer Gemeinde. Er muß damit rechnen, von Gruppen, die über die Anpassung an den Zeitgeist wachen, in die Enge getrieben und im Ordinariat angeschwärzt zu werden. Viele Priester habe ich bitter darüber klagen hören, daß sie in derartigen Konflikten keine Unterstützung von ihrem Bischof bekamen.

Darauf gibt es für den Priester nur eine Antwort: persönliche Heiligung. Sich mit Haut und Haaren, mit Herz und Nieren Christus hingeben, damit Er durch ihn handelt; den Heiligen Geist anrufen, damit Er zu den rechten Entscheidungen führt; sich vollkommen unter den Schutz der Muttergottes stellen, die ganz gewiß jedem Priester alle Gaben erbittet, die er braucht; und letztlich die Bereitschaft mit Christus zu leiden. Echte Liebe zu Gott, echte Liebe zu den Menschen, echte Liebe zur Kirche – nur das kann das Fundament seiner Autorität sein. Wenn es das ist, wird er Autorität besitzen.

Falls die priesterlichen Vollmachten durch ein heiliges Leben aufblühen

und sichtbar werden, kann es sein, daß dem Priester innerhalb der Kirche Steine in den Weg gelegt werden. Die Heiligenbiographien sind voll davon. Ein Beispiel ist Pater Pio: Jahrelang durfte er die Messe nicht öffentlich zelebrieren und nicht Beichte hören. Irgendwie gräbt sich der Fluß der Gnade aber doch ein Bett. Wichtig ist, daß der Priester nichts werden will in der Kirche. Wer eine klerikale Karriere machen will, steht mit beiden Beinen in dieser Welt. Es macht nichts, wenn er nach Hintertupfing versetzt wird. Wenn es irgendwo leuchtet, fahren die Leute in so abwegige Dörfer wie Ars oder San Giovanni Rotondo.

Gott liebt uns Menschen, seine Geschöpfe, so sehr, daß er in Jesus Chri-

stus Mensch geworden ist. Seine Füße sind über diese Erde gegangen. Er hat uns das ewige Leben als Ziel der menschlichen Existenz offenbart und den Weg dorthin gezeigt, der Er selber ist. Er gab uns Macht, Kinder Gottes zu sein. Er hat die Erde mit seinem Blut getränkt. Er ist auferstanden und sitzt zur Rechten Gottes. Er wird sein Werk der Erlösung zu Ende führen. Dafür braucht er heilige Priester.

Beten wir mit Johannes Paul II. :
Wir bitten dich, himmlischer Vater, sende deiner Kirche heilige Priester, die dein Volk heiligen durch die Mittel deiner Gnade.
Sende zahlreiche Ordensmänner und Ordensfrauen, die deine Heiligkeit inmitten der Welt sichtbar machen.
Sende in deinen Weinberg heilige Arbeiter, die arbeiten mit dem Feuer der Liebe und die, getrieben vom Heiligen Geist, das Heil Christi bringen bis an die äußersten Enden der Erde.